BEI GRIN MACHT SICH IHR WISSEN BEZAHLT

Helmuth Plessners Konzeption des Homo absconditus

Bozena Anna Schmidt

Bibliografische Information der Deutschen Nationalbibliothek:

Die Deutsche Nationalbibliothek verzeichnet diese Publikation in der Deutschen Nationalbibliografie; detaillierte bibliografische Daten sind im Internet über http://dnb.d-nb.de abrufbar.

ISBN: 9783346578563
Dieses Buch ist auch als E-Book erhältlich.

© GRIN Publishing GmbH
Nymphenburger Straße 86
80636 München

Druck und Bindung: Books on Demand GmbH, Norderstedt Germany
Gedruckt auf säurefreiem Papier aus verantwortungsvollen Quellen

Das vorliegende Werk wurde sorgfältig erarbeitet. Dennoch übernehmen Autoren und Verlag für die Richtigkeit von Angaben, Hinweisen, Links und Ratschlägen sowie eventuelle Druckfehler keine Haftung.

Das Buch bei GRIN: https://www.grin.com/document/1169245

Helmuth Plessners
Konzeption des Homo absconditus

Hausarbeit im Rahmen der Modulprüfung
für das Modul Praktische Kulturphilosophie

Philosophie
FernUniversität in Hagen
WS2013/14

vorgelegt von

Bozena Schmidt

Saarbrücken, 03.03.2014

Inhaltsverzeichnis

1. Einleitung

Mit der Frage „*Was ist der Mensch*" als philosophischer Grundfrage ist die philosophische Anthropologie um Erkenntnis der Natur des Menschen bemüht. Die Fragestellung der vorliegenden Hausarbeit fokussiert auf Plessners Philosophische Konzeption der menschlichen Natur. Ziel der Ausführung ist es, die Bedeutung des Konzeptes des *Homo absconditus* innerhalb des Gedankengebäudes Plessners herauszustellen. Um diese Fragestellung systematisch auszuarbeiten werden die folgenden Aspekte der Plessnerschen philosophischen Anthropologie betrachtet:

Zunächst wird eine Einführung in Helmuth Plessners philosophische Anthropologie gemacht, die von der Fragwürdigkeit des menschlichen Wesens ausgeht, und in der Erforschung des Menschens eine skeptische Perspektive in den Mittelpunkt stellt (2). Anschließend wird das Konzept des *Lebens* als Kernbegriff seiner anthropologischen Reflexionen thematisiert (3), um daraufhin seine Konzeption des *Homo absconditus* als fundamentale menschliche Wesensbestimmung zu erläutern (4), die es schafft, die Unergründlichkeit des Menschen als positiven Aspekt vor jede Bestimmung des Menschen zu setzen, und dabei Einheit und Offenheit und Konstanz und Variabilität durch die Bestimmung der menschlichen Grundstruktur als Entzugsstruktur verbindet und dem Menschen einen ihn schützenden, verborgenen Kern zugesteht. Zuletzt wird die Grundstruktur des *Homo absconditus* anhand der Exzentrischen Positionalität näher bestimmt, die durch die Konstellation von Begriffen wie Weltoffenheit, Wurzellosigkeit, Geschichtlichkeit näher feststellbar ist (5). Die Wesensbestimmung bei Plessner verweist auf einen Möglichkeitsraum, der eine Offenheit in der Festlegung, mit Rücksicht auf die Zeitlichkeit des Lebendigen, entgegen einer Zielfixierung oder teleologischen Idee befürwortet. Durch eine systematische Betrachtung der fundamentalen Ansätze der Plessnerschen philosophischen Anthropologie soll in der Schlussbetrachtung gezeigt werden, dass ein begriffliches

Spannungsverhältnis zwischen Plessners Überwindung dualistischer und einseitiger Auffassungen der menschlichen Natur mit seiner Vorgabe einer einheitlichen Konzeption der komplexen menschlichen Natur vorhanden ist, die sich zunächst widerspruchsfrei behandeln lässt, wobei jedoch bei näherer Betrachtung eine dualistische Spaltung bestehen bleibt (6).

2. Einführung in Plessners Konzeption einer Philosophischen Anthropologie

Grundlage der schriftlichen Ausarbeitung sind insbesondere die in den Gesammelten Schriften unter dem Titel *Conditio humana* zusammengetragenen Aufsätze unterschiedlicher Jahrgänge. Daneben fand eine intensive Auseinandersetzung mit Plessners Hauptwerk *Die Stufen des Organischen und der Mensch* neben der Berücksichtigung der Werke *Macht und menschliche Natur* sowie *Ausdruck und menschliche Natur* aus der Reihe der Gesammelten Schriften statt.[1] Die Auswahl der Texte erfolgte aufgrund der Relevanz zur Beschreibung des Begriffs des *Homo absconditus* sowie der Hauptmerkmale der Plessnerschen Philosophie.

Ausgangspunkt der Plessnerschen Konzeption einer Philosophischen Anthropologie ist ein verloren gegangener Maßstab zur Beschreibung des Menschen. Den Menschen wird ein in viele gegensätzliche Interessen gespaltenes gesellschaftliches Leben angeboten, und somit ein Ungleichgewicht durch miteinander konkurrierende Wertesysteme. Neben einem Pluralismus der praktischen Orientierungen ist auch die theoretische Orientierung durch Aufspaltung der Wissenschaft in viele Einzeldisziplinen uneinheitlich.[2] Der Mensch ist im Zerfall gefestigter Werte, nicht zuletzt durch Autoritätsverlust einer theologischen Weltordnung, neben der Pluralität und Geschichtlichkeit menschlicher Normensysteme[3], somit zunächst allein seinem Fundament als Naturwesen verbunden, fragwürdig geworden.

Die Fragwürdigkeit des Menschen führt die Philosophische Anthropologie aufgrund der Notwendigkeit einer Orientierung für den Menschen vor die Aufgabe der Besinnung auf die Grundstruktur des menschlichen Seins.

---

[1]   Die Gesammelten Schriften sind im Suhrkamp Verlag erschienen. Das Hauptwerk Plessners „Die Stufen des Organischen und der Mensch" erschien 1928, die übrigen Werke sind Aufsatzsammlungen unterschiedlicher Jahrgänge.

[2]   vgl. Plessner, Conditio Humana, 33ff. und 117ff..

[3]   vgl. Plessner, Conditio Humana, 235.

Die Erörterung einer Grundstruktur verlangt eine *Universitas,* die Plessner als *übergreifende Einheit* der praktischen und theoretischen Orientierungen versteht. Diese philosophische Bestimmung des Menschen soll die Reduktion des Menschen aufgrund von Absolutheitsansprüchen einzelner Erkenntnisse und Deutungen verhindern. In Abgrenzung zu reduktionistischen Ansätzen entwickelt Plessner den Begriff des *Homo absconditus,* welcher, wie ausführlich zu sehen sein wird, die gesamte Komplexität des Menschen vor jeder vereinfachenden Festlegung seines Wesen bewahren soll[4]. Die Universitas begreift Plessner als eine, die sich durch eine „Offenheit, die nicht nach Abschluss drängt, sondern über sich hinaus"[5] auszeichnet, als eine, die im Gegensatz zu einer geschlossenen Weltordnung des Mittelalters vom Menschen her begriffen wird. Dabei trägt die Offenheit der dynamischen Entwicklung Rechnung sowie der Unergründlichkeit des Menschen. Die gesuchte Einheit soll in der „Vielförmigkeit und Vielstrebigkeit [...] ganz eigentlich zum Ausdruck [kommen].[6]

Die Fragwürdigkeit des Menschen, die auf der bezeichneten Destruktion gesicherter Werte basiert, setzt ihn einer unumkehrbaren Seinsbedrohung aus. Plessners philosophische Konzeption des Menschens setzt an der Fragwürdigkeit bezüglich seines nicht erschöpfbaren Wesens an. Die Fragwürdigkeit soll nicht durch eine endgültige Bestimmung des Menschen übergangen werden, im Gegenteil wird sie mittels der skeptischen Methode in die philosophischen Reflexionen integriert. Die methodische Skepsis enthält drei Grundmerkmale, nämlich erstens ein destruktives Prozedere, das zweitens nicht als eine bloße Negierung zu verstehen ist, und drittens die Feststellung eines freien Raums zur Reflexion bezweckt.[7] Skepsis als Durchführung eines methodischen Zweifels soll nicht zur Negierung führen, stattdessen im Dienst der Erlangung von Wissen stehen: „Nur auf dem umgekehrten Wege der bewußten Steigerung der destruktiven Argumente und ihrer systematischen Zuspitzung gegen alle bisher mitgeschleppten Sicherungen kann man das Fundament menschlichen Seins so exponieren und entsichern, dass die Destruktion eines angeblich fraglosen Eigenwesens des Menschen die Umkehr

---

[4]   vgl. Plessner, Conditio Humana, 134.

[5]   Plessner, Conditio Humana, 118.

[6]   Plessner, Conditio Humana, 118.

[7]   Plessner, Conditio Humana, 40ff..

in die Entscheidung zur Menschlichkeit erzwingt."[8] Die skeptische Methode stellt die Unergründlichkeit der menschlichen Natur in den Mittelpunkt. Durch Einbettung eines Verständnisses von Grenzen des Könnens und Wissens lehnt sich die Skepsis somit gegen Absolutheitsansprüche vereinfachter Deutungen und Bestimmungen des Menschen, und bewahrt ihm seine Freiheit. Die skeptische Methode bewahrt also ein strukturelles Offenlassen für vielfältige Bestimmungen des Menschen. Sie kann als ein skeptischer Verzicht auf eine umfassende Definition des Menschen verstanden werden.[9] Die *Offenheit* des Menschen als Wesen in der Welt wird durch eine skeptische philosophische Anthropologie nicht verschlossen. Die Anwendung der skeptischen Methode lässt sich somit als die einzig adäuate Betrachtungsweise der Fragwürdigkeit des Menschen feststellen[10]. Aus der Fragwürdigkeit der menschlichen Natur ergibt sich also die Unmöglichkeit einer endgültigen und allumfassenden Darstellung des Menschen, die einen zentralen Aspekt der Plessnerschen philosophischen Anthropologie ausmacht. Somit ist das einheitliche Gebilde des Menschen ein provisorisches und kein abschließend gültiges, womit ein selbstbewusstes Provisorium um das Wissen des Menschen entsteht, das unerschöpft bleibt.

3. Der Begriff *Leben* aus Sicht der Plessnerschen Philosophischen Anthropologie

Die Relevanz des Begriffs *Leben* innerhalb der Plessnerschen Philosophischen Anthropologie besteht darin, dass hierdurch eine erste Annäherung an die problematische Einheit der menschlichen Natur erreicht werden kann. Plessner greift die Idee einer Spaltung der menschlichen Einheit auf, die bei Descartes als Unterscheidung von *res extensa* und *res cogitans* benannt ist[11], um die wissenschaftliche Kluft zwischen Natur- und Geisteswissenschaften zu benennen, deren Überbrückung er als eine der wichtigsten Aufgaben seiner Philosophie betrachtet. Die wesentliche Funktion des Konzepts des Lebendigen für die Plessnersche Philosophie besteht darin, die dualistischen Ansätze der

---

[8]   Plessner, Conditio Humana, 46.

[9]   vgl. Pietrowicz 1992, 251.
[10]   vgl. Haucke 2000, 12.

[11]   vgl. Hammer 1967, 112.

modernen Philosophie in der Betrachtung des Menschen zu überwinden. Für die wissenschaftliche Erforschung des menschlichen Wesens, der zugleich Natur- und Geisteswesen ist, ergibt sich daraus, dass weder allein mit Methoden der Geistes- noch mit Methoden der Naturwissenschaft eine übergreifende Einheit der menschlichen Natur zu gewinnen ist. Diese Einheit wird durch die gespaltene Forschung nach Körper und Geist übersehen. Innerhalb jeweiliger dualistischer Ansätze ist der „Zwischenbereich zwischen Außen und Innen, d.h. die Grenzzone, in welcher der Mensch als Ganzer lebt, grundsätzlich verschlossen [...]"[12]. Demnach sind wissenschaftliche Erkenntnisse stark vereinfachte Konstrukte, die an die komplexe Wirklichkeit des Menschen nicht heranreichen können.

Plessner geht davon aus, dass der Mensch weder auf sein Bewusstsein noch seine Körperlichkeit reduzierbar ist, und dass „[d]ie Zeiten des unbekümmerten Dualismus zwischen einer Außenansicht und einer Innenansicht des Menschen [...]" beendet sind[13]

In den partialisierten Forschungsgebieten der Geistes- und Naturwissenschaften besteht demnach eine Besinnungslosigkeit, die allein durch Reflexionsbemühungen der Philosophischen Anthropologie aufgelöst werden kann. Pietrowicz arbeitet heraus, dass durch die Ebene des Lebens eben der Gegensatz von Natur und Geist, wie ebenso von Apriorismus und Aposteriorismus überwunden wird[14]. Gleichzeitig ist darauf zu verweisen, dass Plessners Theorie des Organischen als eine apriorische Voraussetzung zu verstehen ist, wobei Plessner diese apriorische Setzung in Auseinandersetzung mit und Abgrenzung von der biologischen Umweltlehre Uexkülls macht und als eine Einheit von Lebenssubjekt und Welt zu ergründen sucht[15]. Damit ist ein Raum für eine Wesensbestimmung des Menschen geschaffen, die ihr Fundament in der biologischen Natürlichkeit des Menschen sucht und auf Offenheit sowohl hinsichtlich der Integration empirischer Forschung des Menschen als Naturwesen angelegt ist und noch viel mehr Offenheit in der Deutung seiner geistigen Leistungen, seiner Kultur und Geschichte bezweckt.

---

[12]   Plessner, Conditio Humana, 124.

[13]   Plessner, Conditio Humana ,123f..

[14]   Pietrowicz 1992, 298 ff..

[15]   Pietrowicz 1992, 295 ff. und 315ff..

Wiederum steht der Besinnung auf die Struktur des menschlichen Wesens, die die philosophische Anthropologie zu leisten vermag eine Sonderrolle zu: „Denn mit dem Dualismus von Körper und Geist geht zugleich die spezifische Dimension des Lebendigen verloren." [16].

Plessners Philosophie des Lebendigen als Grundlage seiner philosophischen Anthropologie gibt somit einen weiteren Ansatzpunkt dafür, den Menschen unter einem *offenen Horizont* zu betrachten.

Die Philosophische Anthropologie Plessners setzt sich somit zum Ziel, den *offenen Horizont* zum Fundament jeglicher Wesensbestimmung zu eröffnen, der der menschlichen Lebenswirklichkeit entsprechend die Verklammerung von Körper und Geist, von Biologie und Kultur sowie Geschichte verwirklichen kann. Die Philosophie des lebendigen Daseins fundiert die menschliche Existenz, indem sie Grenzen zwischen dem lebendigen Dasein von Pflanze, Tier und Mensch zieht und im Anschluss aus der natürlichen Beschaffenheit des Menschen seine spezifisch geistige Welt und Erfahrungsmöglichkeit bezeichnet.[17]

Das Begriff *Leben* setzt eine Vielfalt von Möglichkeiten der Ausgestaltung an den Anfang jeder Verwirklichung sowie Reflexion.

4. *Homo absconditus* als zentrale Bestimmung der Plessnerschen Konzeption des Menschen

Die Antwort auf die Frage nach dem Wesen der Philosophie wie ebenso die Frage nach dem Wesen des Menschen muss immer wieder neu bestimmt werden und ist somit unabschließbar. Pietrowicz weist darauf hin, dass Plessners Prinzip der Unergründlichkeit, dass er in Anlehnung an Misch und Dilthey entwickelt und das in *Macht und menschliche Natur* ausgearbeitet ist, der Wesensbestimmung der Philosophie überhaupt vorangehen soll. Gleichzeitig sieht Pietrowicz Übereinstimmungen zur Konzeption des Wesens des Menschen selbst und kennzeichnet die Wesensbestimmung der Philosophie

---

[16]   Haucke, 2000, 20.

[17]   vgl. Pietrowicz 1992, 303ff..

sowie die des Menschen mit Plessners Worten als eine auf Nichts gestellte, bodenlose, die eben die Bodenlosigkeit in jede Reflexion übernimmt.[18]

Anhand des zentralen Konzeptes des Homo absconditus gewinnt Plessners philosophische Anthropologie eine positive Bedeutung, nämlich eine nicht-dualistische Auffassung des Menschen, die das Offensein des menschlichen Wesens positiv ausdrückt.

Der Begriff des *Homo absconditus* ist essentieller Bestandteil der Plessnerschen philosophischen Anthropologie, was bereits in der skizzenhaften Annäherung an das Gedankengebäude Plessners deutlich werden konnte. Im Jahre 1969 wurde ein Aufsatz unter dem Titel *Homo absconditus* veröffentlicht, seine Konzeption ist über das Gesamtwerk Plessners verstreut, da die *Unausschöpfbarkeit des menschlichen Wesens*[19] als Fundament seiner skeptischen philosophischen Anthropologie des Lebendigen verstanden werden kann.[20] Das Prinzip der Unergründlichkeit wurde von Plessner bereits 1931 in seinem Aufsatz „Macht und menschliche Natur. Ein Versuch zur Anthropologie der geschichtlichen Weltansicht" ausgearbeitet. Die Unergründlichkeit des Menschen ist dabei für Plessner der Maßstab für die Frage, was den Menschen zum Menschen macht und schafft eine Verbindung zwischen einer apriorischen und empirischen Perspektive.[21] Plessner bezeichnet die Anerkennung der Grenzen des Wissens, die nicht als überwindbare Schranken zu verstehen sind, als die Pflicht der Philosophie.[22]

Der Begriff des *Homo absconditus* hat zunächst die Aufgabe, Vereinfachungen innerhalb jeweiliger Bestimmungen des Menschen entgegenzuwirken. Geschuldet ist die Konzeption dem Anspruch des Menschen nach Bestimmung im Sinne gefestigter Werte als theoretische und praktische Orientierung zum Schutz vor Fragwürdigkeit und Sinnverlust. Dabei bergen vereinfachte wissenschaftliche und praktische Beantwortungen der Fragen nach dem menschlichen Wesen Gefahren[23]

---

[18]   Pietrowicz 1992, 241ff..

[19]   Plessner, Conditio Humana, 47.

[20]   Zahlreiche Ausarbeitungen beschäftigen sich bereits mit dem Begriff, z.B. Schürmann, 1999.

[21]   Plessner, Macht und menschliche Natur, 160ff..

[22]   Plessner, Macht und menschliche Natur, 178.

[23]   siehe hierzu Plessner, Conditio Humana, 42.

Die zweite Aufgabe besteht darin, eine Reflexion über den nicht zu verdinglichenden Charakter des Menschen zu veranlassen. Dem Erkenntnisdrang dient die Wissenschaft, doch ist zunächst einmal festzuhalten, dass wissenschaftliches Forschen im Unbekannten stattfindet[24] und den Menschen gezwungenermaßen zum Objekt macht. Notwendig ist die Auflehnung gegen wissenschaftliche Vergegenständlichung, die zu Verdinglichung und Selbstentfremdung des Menschen führen kann, um den Menschen nicht vor sich selbst zur bloßen Erscheinung werden zu lassen[25]. Der Wissenschaft sind somit klare Grenzen gesetzt, denn mit naturwissenschaftlichen Methoden kann nicht die ontologische Basis, das Substanzielle ihrer Untersuchungsgegenstände erfasst und darf somit nicht der Anspruch der Messbarkeit einer einzig möglichen Realität erhoben werden.[26] Das kritische Bewusstsein für die Unmöglichkeit der Messung objektiv eindeutiger Kriterien setzt somit notwendige Beschränkungen im Hinblick auf die Bewahrung eines substanziellen Kerns, der a priori unergründlich ist und bleiben soll.

Plessner verweist auf Kant, der von der Einschränkung des Wissens sprach „[...] um zum Glauben Platz zu bekommen.“[27]. Nach Kant wird die Welt der Erscheinungen mittels unseres Erkenntnisvermögens konstruiert, sodass die Erscheinungswelt nicht mit der Ebene der Dinge an sich gleichzusetzen ist. Hieraus ergeben sich unmittelbare Konsequenzen für unsere wissenschaftlichen Erkenntnismöglichkeiten: „Auf die Grenzen möglicher Erfahrung verwiesen und so immer an Erscheinungen gebunden, kann Wissenschaft den Menschen über diese Grenze hinaus, d.h. in seinem Wesen nicht vergegenständlichen" [28]. Gleichzeitig gewinnt der Mensch durch diese notwendige Begrenzung die Möglichkeit zur Freiheit: „Diese Grenze ist ihm gezogen, aber nur durch seine eigene Vernunft und nur insofern, als er um ihre letztlich praktische Bestimmung weiß.“ [29]

---

[24]   vgl. Plessner, Conditio Humana, 118.

[25]   Plessner, Conditio Humana, 132.

[26]   vgl. auch Haucke 2000, 19ff..

[27]   Plessner, Conditio Humana, 50ff.

[28]   Plessner, Conditio Humana, 131.

[29]   Plessner, Conditio Humana, 132.

Plessner verweist auf Kant, um zu verdeutlichen, dass der Mensch als Sinnlichkeitsbezogenes Erkenntniswesen einer Beschränkung seines Wissens unterliegt, und zweitens der Erforschung seines Wesens nur eine größtmögliche Dimensionalität von Forschungsmethoden gerecht werden kann. Neben dem Bewusstsein für wissenschaftliche Grenzen gilt es innerhalb der theoretischen Orientierung die Komplexität und Pluralität des menschlichen Lebens ernst zu nehmen und damit einer interdisziplinär ausgelegten Forschung die Türen zu öffnen, die einer Überwindung des modernen Spezialismus entgegenkommt und der komplexen Wirklichkeit des Menschen wie seiner körperlichen und geistigen Einheit näher rückt. Plessner spricht von Grenzforschung als „Überbrückung zwischen Gebieten" worin die „geheimnisvollen Zwischenzonen der Verklammerung des Wirklichen" liegen.[30] Daraus erklärt sich die Bezeichnung Plessners als Grenzgänger, da es ihm gelingt alltägliche Phänomene, politische, biophilosophische und soziophilosophische Fragen in einen Gesamtzusammenhang zu stellen, Geistes- und Naturwissenschaft zusammenzubringen und im Wechsel philosophischer Positionen zu einer eigenständigen Gestalt des Denkens zu kommen.[31]

Die Besinnung auf das Wesen des Menschen entzieht ihn einer Verfügbarmachung durch Wissenschaft und Gesellschaft, [32] wobei die Verbindung des modernen Spezialismus praktischer und theoretischer Orientierungen zu einem *offenen Ganzen* verlangt ist. Mit dem Begriff des *Homo Absconditus* bezweckt Plessner, eine angemessene Reflexion über das Wesen des Menschen zu veranlassen und den offenen Charakter des Menschen zu schützen. Offene Möglichkeiten in der Bestimmung des Menschen schützen ihn vor einem wissenschaftlichen Einfangen und haltloser Vergegenständlichung und damit Durchbrechung der „letzten Schutzschicht, die uns vor uns selbst und vor dem Blick der Anderen verbirgt"[33], wodurch die Bewahrung des Subjektcharakters im Sinne der Unnahbarkeit als Element menschlicher Würde als einer Lebensgrundlage angesprochen ist.

---

[30]   Plessner, Conditio Humana, 120ff.

[31]   Haucke, 2000, 7ff..
[32]   Plessner, Conditio Humana, 135.
[33]   Plessner, Conditio Humana, 129.

Demnach gelingt der Plessnerschen Philosophie als einer Deutung des Menschen als *Homo absconditus* die Integration des „Wissen[s] um die Bestreitbarkeit objektiv eindeutiger Kriterien oder Garantien"[34], wodurch durch die Aufnahme der Fragwürdigkeit des Menschen „ein Durchbruch zu offenen Horizonten [...] und deren Vieldeutigkeit und Unergründlichkeit"[35] gelingt. Gleichseitig gelingt die Absage an einen Dogmatismus als einer Nichtberücksichtung der Offenheit und Bewahrung menschlicher Komplexität: Der Mensch „ist das an Dimensionen reichste Objekt, [...] und er ist in allen diesen Dimensionen und zu ihnen Subjekt. Er bietet also nicht nur rein seinsmäßig die meisten Übergänge von Schicht zu Schicht, von Stoff zu Leben, zu Seele, zu Geist, sondern er ist ihnen zugleich als Person, als Kern und Träger dieser Schichtenfülle überlegen und gewissermaßen entzogen"[36]. Die Entzugsstruktur bewahrt dem Menschen einen nicht begreifbaren Kern, dessen Nichtbegreifbarkeit inerhalb des Plessnerschen Gedankengebäudes eine positive Bestimmtung gewinnt.

Als fundamentaler Beitrag zu einer philosophischen Anthropologie soll der Begriff des *Homo Absconditus* als offene Einheit des menschlichen Wesens gedacht werden, die den positiven Wissenschaften als ein Gegenüber zu denken ist.

Die Philosophische Anthropologie hat damit eine hermeneutische Einheit verschiedener Disziplinen zur Aufgabe, womit die Beiträge der Wissenschaft keinesfalls negiert oder gering gewertet werden sollen. Doch Wissenschaft sollte nicht sich selbst überlassen sein. Plessners Forderung nach einer Offenheit gegenüber einer umfassenden und abschließenden Definition des Menschen begründet seine Vorgehensweise, die durch die Betonung der Grenzen menschlichen Wissens gelingt: „Der homo absconditus, der unergründliche Mensch, ist die ständig jeder Festlegung sich entziehende Macht seiner Freiheit, die alle Fesseln sprengt, die Einseitigkeit der Spezialwissenschaft ebenso wie die Einseitigkeit der Gesellschaft"[37].

Im Mittelpunkt der Konzeption des *Homo Absconditus* steht die Berücksichtigung der menschlichen Multidimensionalität. Jede Einseitigkeit in

---

[34]   Plessner, Conditio Humana, 37.

[35]   Plessner, Conditio Humana, 35.

[36]   Plessner, Conditio Humana, 121.

[37]   Plessner, Conditio Humana,134.

der Deutung des Menschen und damit Verabsolutierung bestimmter menschlicher Möglichkeiten, demnach die Nichtberücksichtigung seiner Multidimensionalität leugnet den Grundsatz der prinzipiellen Unergründlichkeit seiner Natur.

Die Berücksichtigung der Multidimensionalität dient demnach der „Sicherung einer Unergründlichkeit, welche den Ernst der Verantwortung vor »allen« Möglichkeiten ausmacht, in denen er sich verstehen und also sein kann."[38]

Der Plessnerschen Idee des Entzogenseins entspricht die grundlegende Struktur des *Homo absconditus* die, ähnlich einem Schatten, jede Setzung eines Menschenbildes begleitet. Sie ermöglicht einen Freiraum bzw. Freiheitsraum für mögliche Konstruktionen und Bestimmungen des Menschen und ist die Quelle der Unergründlichkeit des Menschen. Die Struktur des Entzogenseins ist nicht objektivierbar und ist somit kein möglicher Gegenstand der Wissenschaften, da sie kein positives Phänomen ausmacht. Anders formuliert lässt sich die fundamentale Struktur des Menschen als *Homo absconditus* durch innere oder äußere Beobachtung nicht aufheben. In der Perspektive des Menschen als Beobachter ist er sich selbst auch immer schon entzogen: „Sein Tun [...] verrät und verschleiert sich ihm in einem [39]." Diese Struktur des Entzogenseins ist bei Plessner positiv aufgefasst, da sie die *Weltoffenheit* des Menschen ermöglicht. Die *Weltoffenheit* des Menschen wird durch das Entzogensein bedingt: „Die Verborgenheit des Menschen für sich wie für seine Mitmenschen – *homo absconditus* – ist die Nachtseite seiner Weltoffenheit. Er kann sich nie *ganz* in seinen Taten erkennen – nur seinen Schatten, der ihm vorausläuft und hinter ihm zurückbleibt, einen Abdruck, einen Fingerzeig auf sich selbst. Deshalb hat er Geschichte" [40].

Auf der Weltoffenheit des Menschen beruht auch seine essentielle Geschichtlichkeit, die als Sinnquelle jeweilige Zwecksetzung zu verstehen ist. Die Geschichtlichkeit menschlicher Lebensvollzüge verweist wiederum auf die Unabgeschlossenheit seiner Bestimmung. Plessner nimmt Abschied von einer Zielgebundenheit des geschichtlichen Prozesses. Er wehrt sich gegen den Glauben an Selbstenthüllung in einem Prozess des Fortschreitens und übt, in Auseinandersetzung mit Hegel und insbesondere dem jungen Marx, scharfe

---

[38]   Plessner, Conditio Humana , 39.

[39]   Plessner, Conditio Humana, 359.

[40]   Plessner, Conditio Humana, 359.

Kritik am Theorem der menschlichen Selbstentfremdung, das für ihn im Sinne von Heimkehrversprechungen mehr einer Heilsgeschichte entspricht [41].

In der Auseinandersetzung mit der Auffassung der Geschichte Hegels und Marx zeigen sich erneut Kernelemente der Plessnerschen Konzeption des *Homo Absconditus*: es gelingt ihm eine Verbindung von Konstanz und geschichtsabhängiger Variabilität in der Bestimmung der Wesensstruktur des Menschen zu begründen. Er kennzeichnet das Geistige als eine variable, geschichtsabhängige Größe, was an einer Vielfalt und Unterschiedlichkeit geistiger Leistungen in verschiedenen Epochen abgelesen werden kann. Das Selbstverständnis des Menschen ist je nach Epoche ein anderes, wobei Menschenbilder entscheidend durch die Kultur mitgeprägt werden[42]. Die Variabilität im Sinne irreduzibler Vielfalt menschlicher Lebensformen oder ein kategorischer Konjunktiv im Sinne einer Welt vielfacher Möglichkeiten weist dabei auf das universal Menschliche hin[43]. Anlehnend an Kant verwendet Plessner den Begriff des *kategorischen Konjunktivs*, womit der Begriff *Offenheit* sich unabschließbar schließt, denn die Offenheit kann nicht als solche stehen bleiben, sie enthält ein Muss zur Bestimmung, die immer nur vorläufige Selbsterkenntnis innerhalb der konstitutiven menschlichen Unbestimmtheit, seiner *konstitutiven Wurzellosigkeit* sein kann[44]. Plessner trifft die Unterscheidung zwischen offenen geisteswissenschaftlichen und geschlossenen naturwissenschaftlichen Fragen und spricht die Verbindlichkeit des Unergründlichen der geistigen Welt zu.[45] Menschliches Können ist dadurch als unausschöpfbar und durch eine Unbestimmtheitsrelation gekennzeichnet: „In dieser Relation der Unbestimmtheit zu sich faßt sich der Mensch als Macht und entdeckt sich für sein Leben, theoretisch und praktisch, als offene Frage".[46] Damit wird der *Homo absconditus* zum Maßstab für die Frage nach der Selbstbegegnung des Menschen, nach der Erforschung der menschlichen Natur,

---

[41]   Plessner, Conditio Humana, 360ff..

[42]   vgl. Plessner, Conditio Humana, 125.

[43]   Haucke 2000, 13f..

[44]   Plessner, Stufen, 419 und vgl. Haucke 2000, 14.

[45]   Plessner, Macht und menschliche Natur, 180ff.. Kritisch betrachtet restauriert die Plessnersche Konzeption der Unergründlichkeit durch die prinzipielle Differenzierung der Natur- und Geisteswissenschaften eine dualistischen Spaltung in der Erforschung des Menschens.

[46]   Plessner, Macht und menschliche Natur, 188.

womit vor jeder Erkenntnis und jeder Wesensdeutung a priori bestimmt ist, dass sich der Mensch ein *unauflösliches Rätsel* [47]bleibt.

5. Die *Exzentrische Positionalität* als Grundstruktur des *Homo absconditus*

Zur unabschließbaren Bestimmung des menschlichen Wesens, als ein zur Offenheit bestimmtes, bedarf es der philosophischen Anthropologie als einer Philosophie des lebendigen Daseins. Die Frage nach den Bedingungen der Möglichkeit eines sinnhaften, menschlichen Lebens verdichtet sich im Begriff der Exzentrischen Positionalität [48].

Plessners Konzeption der Exzentrischen Positionalität des Menschen erfolgt durch die Abgrenzung vom tierischen und nichttierischen Dasein. Plessners Philosophie stützt sich auf eine gegenseitige Verschränkung von Umweltgebundenheit und Weltoffenheit des Menschen, basierend auf seiner zugleich tierischen und nichttierischen Natur [49] Das *Welt-Umweltverhältnis* des Menschen begründet sich dadurch, dass der Mensch gleichzeitig Naturwesen ist und biologisch als auch durch seine Geschichte und kulturelle Bedingtheit bestimmt ist.

Plessner Konzeption des Menschen als *Homo Absconditus* wird durch die Ausarbeitung des Begriffs der *Exzentrischen Positionalität* vertieft. Durch den Begriff der *Exzentrischen Positionalität* wird die *Distanzstruktur* des menschlichen Daseins hervorgehoben, sowie die *essentielle Gebrochenheit,* im Gegensatz zu einer ursprünglichen Natürlichkeit bezüglich der Art, wie sich der Mensch zu sich selbst ins Verhältnis setzt [50].

Der Begriff der *Exzentrischen Positionalität* wird in dem im Jahre 1928 erschienenen Hauptwerk *Die Stufen des Organischen und der Mensch* von Plessner als Grundkategorie seiner philosophische Anthropologie ausgearbeitet. Im Sinne des *Homo absconditus* wird anhand des Begriffs die *Distanzstruktur* des Menschen bearbeitet. Ausgangspunkt der Ausarbeitung der *Distanzstruktur* des Menschen ist die Unterscheidung zwischen unbelebten und lebendigen Dingen: Beide erscheinen *kraft ihres Doppelaspekts* von Innen und Außen.

---

[47]   Plessner, Conditio Humana,.131f..

[48]   vgl. Haucke 2000, 16.

[49]   vgl. Plessner, Conditio Humana, 80ff..

[50]   Plessner, Conditio Humana, 281.

15

Während Dingkörper eine Begrenzung als einen Rand haben, der Anfang und Ende bestimmt, erscheinen lebendige Körper durch eine *prinzipielle Außen-Innenbeziehung*, demnach eine *erscheinende, anschauliche* Grenze. Damit ist die Möglichkeit dazu, *im Doppelaspekt* zu erscheinen die Minimalbedingung lebendigen Lebens.[51] Das Erscheinen *im Doppelaspekt* verweist dabei auf eine Einheit von Innen und Außen[52], wodurch eine ontologische Basis zur Überwindung eines strengen Dualismus geschaffen ist. Der Mensch ist lebendige Körperlichkeit einerseits und andererseits kann er diese Transdenzieren, und doch erscheint er trotz des unaufhebbaren Doppelcharakters als Einheit.[53]

Belebte Körper kennzeichnen sich durch ein besonderes Verhältnis zu ihrer Grenze, indem sie einen Kern enthalten, der anders als bei unbelebten Dingen, den *Charakter des Gesetztseins* hat [54]. Dabei bezeichnet *Positionalität* das Verhältnis, das ein Körper zu seiner Grenze hat, benennt also den Positionscharakter eines belebten Körpers, der über Eigenständigkeit im Verhältnis zu seiner Umgebung verfügt und in Interaktion tritt. Der lebendige Körper ist „in seine physische Umrandung [gesetzt], dadurch von dieser zugleich abgehoben"[55]. Er ist somit *„über ihm Hinaus"* und zugleich *„ihm Entgegen, in ihn Hinein"*, er ist *„außerhalb und innerhalb seiner"* [56]. Nach Haucke verweist diese Plessnersche Darstellung auf einen *Spielraum* des Körpers, womit gleichzeitig das Konzept von Möglichkeiten angesprochen ist[57].

Während die Organisationsform der Pflanze offen ist, sich unmittelbar in ihre Umgebung eingliedert, zeichnen sich Tier und Mensch durch eine geschlossene Organisationsform aus. Bereits das Tier gewinnt durch das Zentralorgan eine mögliche Zentrierung des Organismus auf sich selbst eine mittelbare

---

[51]   vgl. Plessner, Stufen, 127-156 und Haucke, 2000, 54ff.. Haucke verweist auf die Umdeutung des Substanzbegriffs, dem Plessner die prinzipielle Möglichkeit einräumt, zu erscheinen, sonst ist das Erscheinen *im Doppelaspekt* nach Haucke ausgeschlossen. Mit anderen Worten weisen Akzidenzien Momente des Substanziellen auf.

[52]   Plessner, Stufen, 155.

[53]   Pietrowicz 1992, 419ff..

[54]   Plessner, Stufen, 181ff..

[55]   Haucke 2000, 64.

[56]   Plessner, Stufen, 184.

[57]   Haucke 2000, 66. Haucke weist darauf hin, dass der Spielbegriff nicht von Plessner selbst verwendet wird

Eingliederung in seine Umgebung und demnach größere Selbständigkeit[58] Das Tier ist zentrisch organisiert, es kann aus einem Zentrum heraus auf sein Umfeld reagieren und kann somit in diesem Sinne handeln.[59] Aus dieser doppelten Abgrenzung gewinnt Plessner den Begriff der *exzentrischen Positionalität*, die durch die Idee der Distanzstruktur näher bestimmt wird. Der Mensch ist dreifach positioniert: als Körper, im Körper (als Innenleben oder Seele) und außer dem Körper. Durch seine dreifache Positionalität ist der Mensch Person.[60] Er verfügt über ein Zentrum und reicht darüber hinaus. Indem er sich seines Zentrums bewusst werden kann, lebt er nicht nur aus seiner Mitte heraus und in seine Mitte hinein, sondern er lebt auch *als* Mitte, Er kann sein Erleben erleben, womit ein Zentrum außerhalb seines Körpers angesprochen ist, das ihn zu einem exzentrisch verfassten Wesen macht. Der Mensch hat nicht nur Bewusstsein, sondern er hat Selbst-Bewusstsein und begreift sich als personales „Ich". Durch seine in seiner exzentrischen Positionalität begründeten Distanzstruktur, als Möglichkeit eines reflexiven Verhältnisses zu sich selbst muss sich der Mensch „zu dem, was er *schon ist, erst machen."* [61], wodurch sein Leben zu einer vollziehenden Aufgabe wird. Durch die Fähigkeit aus einer Distanz heraus zu sich selbst zu treten eröffnen sich dem Menschen vielfache Möglichkeiten gestaltend in sein Leben einzugreifen. Der Mensch geht nicht, wie das Tier im *Hier- Jetzt* auf [62], sondern wird durch ein Transzendieren gekennzeichnet, ein Weltverständnis, die ihm seine Distanzstruktur ermöglicht. Die exzentrische Positionalität des Menschen ist von dieser Distanzstruktur untrennbar, die bei jedem Akt des menschlichen Bewusstseins von vornherein vorausgesetzt ist. Dieser Distanzstruktur entspricht ebenso das zweite Grundmerkmale der exzentrischen Positionalität des Menschen, nämlich seine *essentielle Gebrochenheit,* die den Menschen von allen Naturphänomenen abgrenzt.

Als Beispiel der Konkretisierung der Distanzstruktur verwendet Plessner den Begriff der Rolle, als ein der menschlichen Lebenswirklichkeit naher Begriff. Im Begriff der Rolle zeigt sich das Prinzip der Unergründlichkeit und

---

[58]   Plessner, Stufen, 291ff..

[59]   Plessner, Stufen, 306.

[60]   Vgl. Plessner, Stufen, 365.

[61]   Plessner, Stufen, 383f..

[62]   Plessner, Stufen, 360ff..

Verborgenheit ausdrücklich, da er die Bedingtheit des Menschen erfasst, immer nur einen kleinen Teil von dem, was ein jeder sein könnte zu verwirklichen, womit der Abstand, die Distanz benannt ist, die zu einem inneren Wesenskern besteht. Ontologisch ist damit die Relation zwischen dem kernhaften Innen und dem erscheinenden Außen bzw. zwischen Substanz und Akzidenzien angesprochen. Nach Haucke kommt den Akzidenzien die Vermittlung einer substanziellen Unmittelbarkeit zu [63]. In einer bestimmten Rolle, die ein Mensch spielt, kommt stets das Substanzielle zur Erscheinung. Rollen sind Hindeutungen auf das Substanzielle, dessen man nicht ansichtig werden kann. [64]Dabei verweist *Aspektivität* darauf, dass wir nicht imstande sind, das *sinnhafte* Ganze aller Dinge, die wir sinnlich wahrnehmen zu erfassen, denn es ist ein nichtsinnlicher Hintergrund, eine Substanz vorhanden, die sich uns nicht erschließt. [65]

6. Schlussbetrachtung und Ausblick

Die Plessnersche Konzeption des Menschen als *Homo absonditus* als Antwort auf die Frage „Was ist der Mensch?" zeigt sich als komplexe Konstruktion, die sich zum Ziel setzt, dem Menschen einen schützenden Kern zu bewahren. Kann die Definition des Menschen als *Homo absconditus* als eine fundamentale Voraussetzung jeder Beschäftigung mit dem Menschen, als das Apriori der Philosophischen Anthropologie gesetzt, dieser Aufgabe gerecht werden? Innerhalb der Plessnerschen Konzeption stößt man auf eine Spannung in der formulierten Notwendigkeit, eine Einheit als Universitas praktischer und theoretischer Orientierungen für den Menschen zu gewinnen und der Unmöglichkeit, eine solche Einheit zu formulieren. Der Anspruch auf eine übergreifende Einheit, die dualistische Ansätze überwinden soll, stößt an die besondere Natur des Menschen, die sich nicht in eine endgültige Einheit bringen lässt. Durch die Analyse der Begriffe des *Homo absconditus* und der *Exzentrischen Positionalität* hat sich gezeigt, dass die Plessnersche Aufgabe,

---

[63]   Haucke 2000, 58. Nach Haucke wird den Akzidenzien prinzipiell eine substanzielle Funktion zugestanden. Durch eine Fülle von Aspekten kommt dadurch der Substanz eine sich selbst tragende Wirklichkeit zu. Diese Relationsbeschreibung schafft auf einer grundlegenden Ebene die Aufhebung einer dualistischen Spaltung.

[64]   Haucke 2000, 58.

[65]   Haucke 2000, 39ff.. mit Verweis auf Plessners Stufen.

die menschliche Multidimensionalität unter einer einheitlichen Perspektive zu betrachten das Hauptziel nicht in einer fertigen Bestimmung des menschlichen Daseins, sondern in einer philosophischen Sicherung der menschlichen Natur sieht. Entsprechende Begfiffe einer Struktur des Entzogensseins, der Weltoffenheit, der Wurzellosigkeit sind als philosophische Sicherungsmittel aufzufassen, die einer jeweiligen Verabsolutierung und unidimensionalen Betrachtungen in der Definition des Menschen entgegenstehen.

Plessners Ansatz zeigt eine minimalistische Lösung zur Auflösung der Spannung zwischen Einheit und Offenheit in der Formulierung von Grenzen des Menschen und in einer durch die skeptische Methode gemachten Umkehrung zunächst negativer Bestimmungen der menschlichen Natur in einen als positiv aufzufassenden Wesenskern.

Fraglich ist, ob Plessners Konzeption der Unergründlichkeit zu einer neuen dualistischen Spaltung führen würde, indem anhand dieses Begriffs eine prinzipielle Unterscheidung zwischen Naturwissenschaften und Geisteswissenchaften getroffen wird. Eine solche dualistische Entgegensetzung entpricht nicht der Plessnerschen Konzeption, die eben eine fundierte Überwindung der dualistischer Spaltung anstrebt.

Literaturverzeichnis

Primärliteratur:

Plessner, Helmuth. *Conditio Humana. Gesammelte Schriften VIII.* Frankfurt am Main 2003.

Plessner, Helmuth. *Die Stufen des Organischen und der Mensch.* Gesammelte Schriften IV. Frankfurt am Main 2003.

Plessner, Helmuth. *Macht und menschliche Natur.* Gesammelte Schriften V. Frankfurt am Main 2003.

Plessner, Helmuth. *Ausdruck und menschliche Natur.* Gesammelte Schriften VII. Frankfurt am Main 2003.

Sekundärliteratur:

Asemissen, Hermann Ulrich. Die exzentrische Position des Menschen. In: Speck, Josef (Hrsg*.). Grundprobleme der großen Philosophen. Philosophie der Gegenwart* II. Göttingen 1973. S. 146-180.

Bek, Thomas. *Helmuth Plessners geläuterte Anthropologie. Natur und Geschichte: Zwei Wege einer Grundlegung Philosophischer Anthropologie verleiblichter Zweideutigkeit.* Königshausen & Neumann 2011.

Dejung, Christoph. *Helmuth Plessner interkulturell gelesen.* Nordhausen 2005.

Fischer, Joachim: *Exzentrische Positionalität. Plessners Grundkategorie der Philosophischen Anthropologie.* In: Deutsche Zeitschrift für Philosophie 48 (2000). S. 265-288

Hammer, Felix. *Die exzentrische Position des Menschen. Methode und Grundlinien der philosophischen Anthropologie Helmuth Plessners.* Bonn 1967.

Haucke, Kai. *Plessner zur Einführung.* Hamburg 2000.

Krüger, Hans-Peter. *Gehirn, Verhalten und Zeit: Philosophische Anthropologie als Forschungsrahmen.* Akademie Verlag 2010.

Pietrowicz, Stephan: *Helmuth Plessner. Genese und System seines philosophisch-anthropologischen Denkens.* Freiburg/München 1992.

Schürmann, Volker. *Plessners skeptische Anthropologie.* Studienbrief der Fern-Universität ☐ Hagen 1999/2000.